"Guida Completa al Marketing Digitale per Piccole Imprese: Strategie per Crescere e Scoprire Nuove Opportunità"

Indice

1. **Introduzione al Marketing Digitale per Piccole Imprese**
2. **Social Media Marketing per Piccole Imprese**
3. **Content Marketing per Piccole Imprese**
4. **Email Marketing per Piccole Imprese**
5. **SEO (Search Engine Optimization) per Piccole Imprese**
6. **PPC (Pay-Per-Click) Advertising per Piccole Imprese**
7. **Affiliate Marketing per Piccole Imprese**
8. **E-commerce e Strategie di Vendita Online**
9. **Analytics e Misurazione delle Performance per Piccole Imprese**

Introduzione al Marketing Digitale per Piccole Imprese

Cos'è il Marketing Digitale?

Il marketing digitale è un insieme di attività promozionali che si svolgono online, sfruttando internet e le nuove tecnologie per raggiungere il proprio pubblico di riferimento. In pratica, è l'uso di strumenti digitali come i motori di ricerca, i social media, le email e i siti web per comunicare con i consumatori, promuovere prodotti e servizi e costruire relazioni durature con i clienti.

A differenza del marketing tradizionale, che si basa su mezzi come la TV, la radio o la pubblicità stampata, il marketing digitale offre numerosi vantaggi, tra cui la possibilità di raggiungere un pubblico globale, la misurabilità dei risultati e un costo inferiore rispetto ai metodi tradizionali.

Perché il Marketing Digitale è Importante per le Piccole Imprese?

Le piccole imprese, spesso limitate da un budget ridotto per il marketing, possono trarre enormi vantaggi dal marketing digitale. Non solo offre un modo economico per promuovere la propria attività, ma consente anche di competere con marchi più grandi su un piano di parità.

Vantaggi del marketing digitale per le piccole imprese:

- **Portata globale:** anche le piccole aziende possono raggiungere un pubblico internazionale.
- **Misurabilità:** ogni campagna può essere monitorata e ottimizzata in tempo reale.
- **Costo contenuto:** le attività come i social media o l'email marketing sono relativamente economiche.
- **Targeting preciso:** è possibile indirizzare gli annunci solo alle persone più propense ad acquistare.

- **Flessibilità:** le piccole imprese possono adattare rapidamente le loro strategie in base ai risultati ottenuti.

Differenza tra Marketing Tradizionale e Marketing Digitale

1. **Portata e Pubblico:** Il marketing tradizionale, come la pubblicità su TV, radio o stampa, ha un pubblico ampio e generico, mentre il marketing digitale permette di raggiungere un pubblico altamente mirato. Con gli strumenti digitali, è possibile indirizzare un messaggio a un pubblico molto specifico basato su età, sesso, localizzazione geografica, interessi, ecc.

2. **Misurabilità e Analisi:** Con il marketing tradizionale, misurare i risultati delle campagne è spesso difficile e costoso. Invece, nel marketing digitale, è possibile monitorare le performance in tempo reale. Strumenti come Google Analytics, Facebook Insights e altre piattaforme di marketing consentono di misurare il successo di una campagna e apportare modifiche istantanee per migliorarla.

3. **Costo e Accessibilità:** Il marketing tradizionale richiede budget elevati per la produzione e la distribuzione, mentre il marketing digitale offre soluzioni più economiche e accessibili. Con un piccolo investimento, le piccole imprese possono ottenere ottimi risultati.

Statistiche Rilevanti sul Marketing Digitale

- **L'81% degli utenti online ha fatto acquisti grazie a un contenuto personalizzato.**
- **Il 72% degli utenti preferisce ricevere informazioni dalle aziende tramite email.**
- **I social media generano il 30% di tutte le vendite online.**
- **Il marketing sui motori di ricerca (SEO) è responsabile per il 34% del traffico web globale.**

Social Media Marketing per Piccole Imprese

Cos'è il Social Media Marketing?

Il **social media marketing** è l'uso delle piattaforme social per promuovere prodotti, servizi o marchi, interagire con i clienti e costruire una comunità intorno all'azienda. Le principali piattaforme social includono **Facebook**, **Instagram**, **LinkedIn**, **Twitter**, **TikTok**, e **Pinterest**.

Queste piattaforme offrono un'opportunità unica per le piccole imprese di costruire un marchio forte e coinvolgere direttamente i clienti. Oggi, i consumatori si aspettano che le aziende siano presenti sui social media, e questo può aumentare notevolmente la visibilità di un'impresa.

Perché il Social Media Marketing è Importante per le Piccole Imprese?

1. **Raggiungere un Pubblico Più Ampio e Mirato:** I social media ti permettono di raggiungere un pubblico vasto, ma anche di targetizzare il tuo messaggio a persone specifiche, basandoti su caratteristiche come età, posizione, interessi, comportamenti di acquisto e altro ancora. Questo aiuta a massimizzare l'efficacia del tuo marketing.

2. **Maggiore Interazione con i Clienti:** I social media ti

permettono di interagire direttamente con i clienti, rispondere alle loro domande e risolvere i problemi in tempo reale. La comunicazione bidirezionale aiuta a costruire un rapporto di fiducia con il pubblico.

3. **Aumento della Visibilità del Marchio:** La presenza sui social media aumenta la visibilità del tuo marchio e contribuisce a costruire un'identità forte e riconoscibile. Le piccole imprese possono raggiungere un pubblico globale e farsi notare, anche con un budget limitato.

4. **Strumenti di Pubblicità Economici e Potenti:** Le piattaforme social offrono opzioni di pubblicità che permettono di raggiungere utenti altamente segmentati, con costi molto più bassi rispetto alla pubblicità tradizionale.

Le Principali Piattaforme Social per Piccole Imprese

1. **Facebook**
   - **Vantaggi:** Più di 2,9 miliardi di utenti attivi mensili. Offre ottime opzioni di targeting e formati pubblicitari.
   - **Ideale per:** Costruire una comunità, fare pubblicità mirata, promuovere eventi e vendite.
   - **Strategie:** Creare una pagina aziendale, pubblicare contenuti regolari (foto, video, post) e utilizzare Facebook Ads per aumentare la visibilità.

2. **Instagram**
   - **Vantaggi:** Più di 1 miliardo di utenti attivi mensili, altamente visivo, perfetto per promuovere prodotti con immagini e video.
   - **Ideale per:** Aziende che vendono prodotti fisici o esperienze visive (ad esempio moda, cibo, arredamento, arte).
   - **Strategie:** Utilizzare Instagram Stories, Reel e

post sponsorizzati per attirare l'attenzione e interagire con i follower.

3. **LinkedIn**
    - **Vantaggi:** Piattaforma professionale con oltre 900 milioni di utenti. Ottima per il networking B2B.
    - **Ideale per:** Aziende che vendono a altre imprese (B2B), consulenti, professionisti e fornitori di servizi.
    - **Strategie:** Creare una pagina aziendale, condividere contenuti educativi e case study, partecipare a gruppi di discussione.

4. **TikTok**
    - **Vantaggi:** Piattaforma emergente con oltre 1 miliardo di utenti, particolarmente popolare tra i giovani.
    - **Ideale per:** Aziende che hanno contenuti creativi e vogliono raggiungere un pubblico giovane.
    - **Strategie:** Creare video brevi e coinvolgenti, utilizzare hashtag di tendenza, collaborare con influencer.

5. **Twitter**
    - **Vantaggi:** Più di 330 milioni di utenti attivi. Ottima per aggiornamenti rapidi e discussioni in tempo reale.
    - **Ideale per:** Aziende che vogliono aggiornare i clienti velocemente su novità, offerte speciali o eventi in corso.
    - **Strategie:** Utilizzare hashtag popolari, interagire direttamente con i follower e rispondere rapidamente ai tweet.

Come Utilizzare i Social Media per Promuovere la Tua Impresa

1. **Scegli la Piattaforma Giusta:** Non tutte le piattaforme social sono adatte alla tua impresa. Prima di iniziare, identifica dove si trova il tuo pubblico ideale. Ad esempio, se vendi prodotti visivi come abbigliamento o arredamento, Instagram è una scelta ideale. Se offri servizi professionali o B2B, LinkedIn è più appropriato.

2. **Crea Contenuti Coinvolgenti:** I contenuti visivi come immagini e video ottengono un maggiore coinvolgimento. Assicurati che i tuoi contenuti siano pertinenti, interessanti e di qualità. Racconta storie, usa umorismo, fai domande e coinvolgi la tua audience.

3. **Programma i Post:** Utilizza strumenti come **Hootsuite** o **Buffer** per programmare i tuoi post in anticipo. Questo ti aiuterà a mantenere una presenza costante sui social senza dover essere online tutto il giorno.

4. **Interagisci con la Tua Community:** Rispondi ai commenti, fai domande ai tuoi follower, e partecipa alle conversazioni. Questo crea una relazione più profonda con i tuoi clienti e aumenta la fiducia.

5. **Utilizza la Pubblicità a Pagamento:** Le piattaforme social offrono opzioni pubblicitarie a basso costo che ti permettono di raggiungere rapidamente il tuo pubblico target. Inizia con piccoli budget per testare quale tipo di pubblicità funziona meglio per il tuo business.

6. **Misura i Risultati:** Usa gli strumenti di analisi delle piattaforme per monitorare l'efficacia delle tue campagne. Guarda metriche come **tasso di clic (CTR)**, **coinvolgimento** (like, commenti, condivisioni) e **copertura** (numero di persone che vedono i tuoi post).

Grafico: Come funziona la pubblicità su Facebook e Instagram

Il grafico dovrebbe illustrare come funziona l'algoritmo di Facebook per la selezione degli annunci, il targeting delle audience e l'ottimizzazione dei risultati.

Content Marketing per Piccole Imprese

Cos'è il Content Marketing?

Il **content marketing** è una strategia che si basa sulla creazione e condivisione di contenuti rilevanti, utili e di valore per attrarre, coinvolgere e fidelizzare il pubblico. Questo approccio si distingue dal marketing tradizionale, in quanto non si concentra esclusivamente sulla vendita diretta, ma piuttosto sull'offrire valore che possa interessare e aiutare i consumatori.

I contenuti possono assumere diverse forme: articoli, blog, video, infografiche, eBook, whitepaper, post sui social media, webinar e altro. L'obiettivo principale è costruire una relazione duratura con i clienti, educarli, e aumentare la consapevolezza del marchio.

Perché il Content Marketing è Fondamentale per le Piccole Imprese?

1. **Aumenta la Visibilità del Marchio:** Creare contenuti utili e pertinenti permette alla tua piccola impresa di emergere nel panorama digitale e farsi notare. Gli utenti cercano risposte online e, se offri contenuti che rispondono alle loro domande, diventi una risorsa importante.

2. **Costruisce Fiducia e Credibilità:** Quando offri contenuti di valore, le persone iniziano a fidarsi del tuo marchio.

Questo è fondamentale per fidelizzare i clienti e spingerli a tornare per acquistare nuovamente o a consigliare il tuo prodotto/servizio.

3. **Aumenta il Traffico Organico:** La creazione di contenuti ottimizzati per i motori di ricerca (SEO) è un modo molto efficace per aumentare il traffico sul tuo sito web senza dover spendere troppo in pubblicità. I contenuti SEO-friendly si posizionano meglio su Google, attirando visitatori interessati ai tuoi servizi.

4. **Genera Lead e Conversioni:** Contenuti ben strutturati e progettati possono indirizzare gli utenti verso azioni specifiche, come la registrazione alla newsletter, la richiesta di una consulenza, o l'acquisto di un prodotto.

Le Tipologie di Contenuti più Efficaci per le Piccole Imprese

1. **Blog**
   - I blog sono uno degli strumenti di content marketing più potenti. Scrivere articoli interessanti e informativi ti permette di mostrare la tua competenza e attirare visitatori attraverso il SEO.
   - **Esempio:** Se possiedi una libreria, un post del blog che esplora "5 Libri per Iniziare a Investire" potrebbe attrarre lettori interessati ai tuoi prodotti.

2. **Video**
   - Il video è uno dei formati di contenuto più coinvolgenti. Puoi utilizzarlo per presentare il tuo prodotto, fare tutorial, o raccontare storie legate al tuo marchio.
   - **Esempio:** Un video che mostra come utilizzare un prodotto o un servizio è estremamente utile per il cliente e può essere condiviso facilmente sui social media.

3. **Infografiche**
   - Le infografiche sono un modo visivo e sintetico per comunicare informazioni complesse. Sono molto condivisibili e possono attirare l'attenzione sui social media.
   - **Esempio:** Una guida passo-passo visiva su come scegliere il giusto prodotto per un determinato problema.

4. **eBooks e Whitepaper**
   - Questi sono contenuti più approfonditi, che richiedono tempo per essere letti. Sono utili per raccogliere lead (attraverso la registrazione al sito) e per posizionarsi come esperti nel settore.
   - **Esempio:** Un eBook che esplora "Come Costruire una Strategia di Marketing Digitale per Piccole Imprese" può attrarre potenziali clienti in cerca di soluzioni concrete.

5. **Podcast**
   - I podcast sono in costante crescita e possono essere un ottimo modo per raggiungere il pubblico durante i momenti di "inattività", come durante il tragitto casa-lavoro o durante l'esercizio fisico.
   - **Esempio:** Un podcast settimanale in cui discutere tendenze del settore o intervistare esperti del settore.

6. **Post sui Social Media**
   - I post sui social media sono un ottimo strumento per mantenere il pubblico coinvolto con aggiornamenti rapidi, annunci, e contenuti interattivi.
   - **Esempio:** Un post su Instagram che mostra i nuovi arrivi in negozio o una promozione speciale.

Creare un Piano Editoriale di Content Marketing

Un piano editoriale è fondamentale per gestire il content marketing in modo efficace. Ti aiuta a pianificare e organizzare i contenuti in modo strategico, in modo da non pubblicare solo quando "ti viene in mente", ma con un obiettivo preciso.

1. **Definisci il tuo pubblico target:** Chi sono i tuoi clienti ideali? Che tipo di contenuti potrebbero essere interessati a leggere o guardare?
2. **Fai una ricerca di parole chiave:** Utilizza strumenti come Google Keyword Planner o Ubersuggest per scoprire le parole chiave più ricercate nel tuo settore.
3. **Pianifica i contenuti:** Decidi con che frequenza pubblicare nuovi contenuti (ad esempio, un post a settimana sul blog, uno al giorno sui social media). Tieni anche conto delle stagionalità, come le festività, che potrebbero influenzare la tua strategia di contenuto.
4. **Monitora e misura i risultati:** Utilizza strumenti come Google Analytics e i report sui social media per vedere cosa sta funzionando e cosa no. Modifica la tua strategia in base ai risultati.

SEO nel Content Marketing

Il SEO (Search Engine Optimization) è una componente fondamentale del content marketing. Ottimizzare i tuoi contenuti per i motori di ricerca ti aiuta a posizionarti meglio nelle pagine dei risultati di ricerca (SERP), aumentando così il traffico organico al tuo sito.

- **SEO On-Page:** Ottimizzare i contenuti del sito (titoli, descrizioni, URL, immagini, e link interni).
- **SEO Off-Page:** Costruire link esterni da altri siti web (backlink), in modo da aumentare l'autorità del tuo sito agli occhi di Google.

Grafico: Tipi di Contenuti e Percentuale di Coinvolgimento

Il grafico potrebbe rappresentare come i diversi tipi di contenuti (blog, video, social media, eBook, ecc.) generano coinvolgimento e condivisioni sui vari canali digitali.

Email Marketing per Piccole Imprese

Cos'è l'Email Marketing?

L'**email marketing** è una delle forme di marketing digitale più efficaci e dirette, che implica l'invio di messaggi personalizzati via email a una lista di contatti per promuovere prodotti, servizi o contenuti. È un canale molto potente per rimanere in contatto con i clienti, costruire relazioni durature e incrementare le vendite.

A differenza delle pubblicità sui social media o sui motori di ricerca, l'email marketing ti permette di comunicare direttamente con una persona che ha già espresso un interesse nei tuoi prodotti o servizi, ad esempio iscriversi alla tua newsletter o aver fatto un acquisto in passato.

Perché l'Email Marketing è Cruciale per le Piccole Imprese?

1. **Comunicazione Diretta con il Pubblico:** Le email arrivano direttamente nella casella di posta del cliente, consentendoti di comunicare senza distrazioni o interferenze esterne, come succede sui social media.
2. **Alta ROI (Return on Investment):** L'email marketing ha uno dei ritorni sugli investimenti più alti di tutte le

strategie di marketing digitale. Secondo alcune stime, per ogni euro investito, le aziende guadagnano in media 40 euro.

3. **Personalizzazione e Segmentazione:** Le email possono essere altamente personalizzate. Puoi segmentare la tua lista in base a vari fattori come il comportamento di acquisto, la posizione geografica, o l'interazione con le tue email precedenti.

4. **Automazione e Risparmio di Tempo:** L'email marketing offre opzioni di automazione che ti consentono di inviare messaggi a orari specifici o in risposta a determinate azioni (come un carrello abbandonato). Questo risparmia tempo e garantisce un flusso costante di comunicazioni con i tuoi clienti.

Come Creare una Strategia di Email Marketing di Successo

1. **Crea una Lista di Contatti di Qualità**
   - La base di ogni strategia di email marketing di successo è una lista di contatti qualificati. Non si tratta solo di raccogliere il maggior numero possibile di indirizzi email, ma di ottenere quelli che hanno espresso un interesse genuino nei tuoi prodotti o servizi.
   - **Strategie per raccogliere email:**
     - Offrire un incentivo (ad esempio, uno sconto sul primo acquisto) in cambio dell'iscrizione alla newsletter.
     - Utilizzare moduli di iscrizione sui tuoi siti web e landing page.
     - Creare contenuti utili (come eBook o guide gratuite) che spingano le persone a lasciare la loro email per accedere.

2. **Scegli una Piattaforma di Email Marketing**
   - Esistono molte piattaforme di email marketing che ti aiutano a creare, inviare e monitorare

le tue campagne. Alcune delle più popolari includono **MailChimp**, **Sendinblue**, **MailerLite** e **Constant Contact**.

- Queste piattaforme offrono anche funzionalità di automazione, segmentazione e analisi, che sono essenziali per ottimizzare le tue campagne.

3. **Segmenta la Tua Lista**
   - Non tutte le persone nella tua lista sono uguali. Puoi segmentare il pubblico in base a diversi fattori, come:
     - **Acquisti precedenti:** invia email personalizzate a chi ha acquistato di recente, proponendo articoli simili o complementari.
     - **Frequenza di apertura:** invia messaggi diversi a chi apre regolarmente le tue email rispetto a chi non le apre mai.
     - **Posizione geografica:** promuovi eventi locali o offerte speciali in base alla zona di residenza dei tuoi iscritti.

4. **Crea Contenuti Accattivanti**
   - Il contenuto delle tue email è fondamentale per coinvolgere i tuoi lettori. Assicurati che le tue email siano:
     - **Rilevanti:** offri contenuti utili e interessanti per il tuo pubblico.
     - **Personalizzate:** utilizza il nome del destinatario e rendi il messaggio il più personale possibile.
     - **Chiari e concisi:** evita di scrivere email troppo lunghe. Mantieni il messaggio breve e fai in modo che l'obiettivo dell'email sia chiaro fin da subito.

5. **Testa e Ottimizza le Tue Campagne**
   - Non fermarti alla prima campagna: è

importante testare e ottimizzare le tue email per migliorare continuamente i risultati.

- **A/B Testing:** sperimenta diverse versioni della stessa email (es. oggetto, contenuti, call to action) per capire cosa funziona meglio.
- **Monitoraggio delle metriche:** analizza i tassi di apertura, clic, conversioni e disiscrizioni per capire come migliorare le tue future campagne.

Tipologie di Email da Inviare

1. **Newsletter**
   - Le newsletter sono un ottimo modo per tenere aggiornati i tuoi clienti sulle novità, eventi, offerte speciali e contenuti pertinenti. La chiave è non inviare troppe email: mantieni una cadenza regolare (settimanale o mensile).

2. **Email di Benvenuto**
   - Quando qualcuno si iscrive alla tua lista, invia un'email di benvenuto. Questo è un ottimo modo per iniziare a costruire una relazione con il tuo pubblico.
   - **Esempio:** "Benvenuto nella nostra community! Ecco il tuo codice sconto per il primo acquisto."

3. **Email di Carrello Abbandonato**
   - Se un cliente aggiunge un prodotto al carrello ma non completa l'acquisto, invia una serie di email per ricordargli il prodotto e incentivarlo a finalizzare l'acquisto.

4. **Email Promozionali**
   - Offri sconti, promozioni o vendite speciali attraverso le email. Queste email sono perfette per spingere i clienti a compiere un'azione immediata.

5. **Email di Follow-up**

- Dopo che un cliente ha effettuato un acquisto, invia un'email di follow-up per chiedere feedback, suggerire altri prodotti correlati o inviare un'offerta per il prossimo acquisto.

Grafico: Tasso di Apertura delle Email per Settore

Un grafico che mostra i tassi di apertura medi delle email per vari settori, come eCommerce, servizi, tecnologia, ecc., per evidenziare quali settori ottengono i migliori risultati con l'email marketing.

SEO (Search Engine Optimization) per Piccole Imprese

Cos'è la SEO?

La **SEO** (Search Engine Optimization) è l'insieme di pratiche e tecniche volte a migliorare la visibilità di un sito web sui motori di ricerca come **Google**, **Bing**, e **Yahoo**. L'obiettivo principale della SEO è aumentare il traffico organico, ovvero quello non a pagamento, indirizzando gli utenti al tuo sito attraverso i risultati di ricerca.

La SEO è fondamentale per le piccole imprese che vogliono farsi trovare dai clienti potenziali senza dover investire pesantemente in pubblicità. Con le giuste tecniche, il tuo sito può posizionarsi in alto nelle ricerche relative al tuo settore, portando traffico altamente qualificato.

Perché la SEO è Cruciale per le Piccole Imprese?

1. **Visibilità sui Motori di Ricerca:** Quando i potenziali clienti cercano prodotti o servizi online, vuoi che il tuo sito appaia tra i primi risultati di ricerca. Più in alto è il tuo sito nelle SERP (pagine dei risultati dei motori di ricerca), maggiore sarà la probabilità che gli utenti

clicchino sul tuo link.

2. **Aumenta il Traffico Organico:** A differenza della pubblicità a pagamento, il traffico organico che arriva attraverso i risultati di ricerca è gratuito. Investire in SEO ti consente di ottenere visitatori senza dover pagare per ogni clic.

3. **Credibilità e Fiducia:** I siti che appaiono ai primi posti nei risultati di ricerca sono percepiti come più affidabili dagli utenti. L'ottimizzazione per i motori di ricerca aiuta a costruire una reputazione positiva e a guadagnare la fiducia dei clienti.

4. **Vantaggio Competitivo:** Se i tuoi concorrenti non stanno investendo in SEO, tu hai l'opportunità di superarli nei risultati di ricerca e di attrarre una fetta maggiore di pubblico. Se la concorrenza sta investendo in SEO, essere ben posizionati ti consente di rimanere competitivo.

I Fondamenti della SEO

1. **Ricerca delle Parole Chiave (Keyword Research)**

La ricerca delle parole chiave è il primo passo per una buona strategia SEO. Devi capire quali termini e frasi i tuoi clienti potenziali stanno cercando online. Utilizza strumenti come **Google Keyword Planner**, **Ubersuggest** o **SEMrush** per identificare le parole chiave più rilevanti per il tuo business.

Esempio:

- Se vendi prodotti per il giardinaggio, le parole chiave potrebbero includere: "attrezzi da giardinaggio", "semina fiori", "cura delle piante".

Assicurati di scegliere parole chiave che abbiano un buon volume di ricerca ma che non siano troppo competitive, in modo da poter competere per i primi posti nei risultati di ricerca.

2. **Ottimizzazione On-Page**

L'ottimizzazione on-page si riferisce alle modifiche che puoi fare direttamente nel tuo sito web per migliorarne la visibilità sui motori di ricerca. Ecco alcuni fattori chiave da considerare:

- **Titoli e Meta Description:** Assicurati che ogni pagina del tuo sito abbia un titolo unico e una meta descrizione che contengano le parole chiave principali. Questi elementi sono fondamentali per il ranking e per attrarre i clic degli utenti.
- **Contenuti di Qualità:** I motori di ricerca premiano i contenuti utili e pertinenti. Assicurati di scrivere contenuti originali, interessanti e utili per il tuo pubblico. Usa le parole chiave in modo naturale all'interno dei testi.
- **URL SEO-Friendly:** Usa URL brevi e descrittivi che contengano le parole chiave. Per esempio, anziché www.ilmiosito.com/prodotti123, usa www.ilmiosito.com/semina-fiori.
- **Immagini Ottimizzate:** Le immagini devono essere caricate rapidamente e avere un testo alternativo (alt text) che descriva l'immagine e contenga parole chiave.

3. **Ottimizzazione Off-Page**

L'ottimizzazione off-page riguarda tutte le attività che si svolgono al di fuori del tuo sito web per migliorare la sua autorità e visibilità. Il principale fattore di ranking off-page è il **link building**, cioè ottenere link da altri siti web di qualità che puntano al tuo. I link esterni (backlink) sono considerati dai motori di ricerca come "voti di fiducia" per il tuo sito.

Strategie di link building:

- **Guest Posting:** Scrivi articoli come ospite su altri blog del tuo settore e includi un link al tuo sito.
- **Recensioni e Testimonianze:** Fai in modo che i tuoi clienti lascino recensioni su altri siti web

e piattaforme come Google My Business, Yelp, o Trustpilot.

- **Contenuti Condivisibili:** Crea contenuti di qualità che gli altri vogliano condividere sui loro siti o blog.

4. SEO Mobile e Velocità del Sito

La maggior parte delle ricerche viene effettuata da dispositivi mobili, quindi è essenziale che il tuo sito sia **mobile-friendly**. Assicurati che il tuo sito si adatti facilmente a schermi di dimensioni diverse e che si carichi rapidamente.

La velocità di caricamento è anche un fattore importante per il ranking. Se il tuo sito è lento, gli utenti potrebbero abbandonarlo prima di visualizzare il contenuto, e Google potrebbe penalizzarlo nei risultati di ricerca. Utilizza strumenti come **Google PageSpeed Insights** per verificare la velocità del tuo sito e ottimizzarlo.

Come Monitorare i Risultati SEO

1. Google Analytics

Google Analytics è uno degli strumenti più potenti per monitorare le performance del tuo sito. Ti permette di vedere il traffico che arriva al tuo sito, quali parole chiave stanno portando i visitatori, da dove provengono (paese, dispositivo, ecc.), e quali pagine sono le più visitate.

2. Google Search Console

Google Search Console è uno strumento gratuito di Google che ti consente di monitorare e ottimizzare il rendimento del tuo sito nei risultati di ricerca. Ti mostra quali parole chiave ti stanno portando traffico, se ci sono errori nel tuo sito, e suggerimenti su come migliorarlo.

3. Strumenti SEO Come SEMrush e Ahrefs

Questi strumenti ti permettono di analizzare la tua SEO e quella dei tuoi concorrenti, fornendoti informazioni utili per ottimizzare le tue strategie. Possono darti suggerimenti su parole chiave da utilizzare, backlink da ottenere e contenuti da migliorare.

Grafico: Evoluzione del Traffico Organico vs Traffico a Pagamento

Un grafico che mostra la differenza nel traffico che arriva dai risultati di ricerca organici rispetto agli annunci sponsorizzati (SEO vs PPC), per evidenziare i vantaggi a lungo termine della SEO.

PPC (Pay-Per-Click) Advertising per Piccole Imprese

Cos'è il PPC?

Il **PPC (Pay-Per-Click)** è una forma di pubblicità online in cui l'inserzionista paga una tariffa ogni volta che un utente clicca su uno degli annunci pubblicati. È uno degli strumenti più utilizzati per aumentare la visibilità online in modo rapido e mirato, utilizzando piattaforme come **Google Ads** e **Facebook Ads**.

Il PPC è particolarmente utile per le piccole imprese, poiché consente di generare traffico mirato senza dover investire enormi somme di denaro. È un modo efficace per apparire nelle prime posizioni dei motori di ricerca o nei feed social, catturando l'attenzione di potenziali clienti.

Perché il PPC è Importante per le Piccole Imprese?

1. **Visibilità Immediata:** Con il PPC, puoi posizionare immediatamente il tuo prodotto o servizio in cima ai risultati di ricerca o nel feed dei social media, rendendolo visibile a un pubblico ampio e mirato.

2. **Controllo del Budget:** A differenza di altre forme di pubblicità tradizionale, il PPC ti consente di impostare un budget preciso. Puoi determinare quanto vuoi spendere al giorno o al mese e ottenere una panoramica chiara dei costi.

3. **Targetizzazione Precisa:** Le piattaforme di PPC offrono opzioni di targeting avanzate, che ti permettono di indirizzare gli annunci in base a età, posizione geografica, interessi, comportamenti di acquisto e persino parole chiave specifiche.

4. **Misurabilità e Ottimizzazione:** Il PPC è altamente misurabile. Puoi analizzare le performance degli annunci in tempo reale e ottimizzare le campagne per ottenere il massimo ritorno sugli investimenti.

Come Funziona il PPC?

Il PPC si basa su un'asta in cui tu, come inserzionista, fai un'offerta per determinate parole chiave o categorie. Quando un utente cerca una di queste parole chiave o interagisce con un annuncio sui social, la piattaforma mostrerà il tuo annuncio (se hai vinto l'asta).

Esistono diversi tipi di PPC:

1. **Google Ads (Ricerca e Display):** Gli annunci di Google sono i più conosciuti. Quando un utente cerca una parola chiave specifica, il tuo annuncio potrebbe apparire nei risultati di ricerca. Gli annunci possono anche apparire su siti web che ospitano la rete di display di Google.

2. **Facebook Ads:** Su Facebook (e Instagram), gli annunci vengono mostrati agli utenti in base ai loro interessi, comportamenti e dati demografici. Puoi scegliere tra vari formati di annunci, tra cui immagini, video, caroselli e annunci con link a siti esterni.

3. **LinkedIn Ads:** LinkedIn è ideale per il PPC se il tuo obiettivo è attrarre altre aziende o professionisti. Gli annunci possono essere indirizzati in base alla posizione

lavorativa, al settore e alle competenze.

Strategie di PPC per Piccole Imprese

1. Selezione delle Parole Chiave:

La scelta delle giuste parole chiave è fondamentale per il successo della tua campagna PPC. Devi concentrarti su parole chiave che siano **pertinenti** e **specifiche** per il tuo prodotto o servizio.

- **Parole chiave a coda lunga (long-tail):** Sono più specifiche e meno competitive. Ad esempio, invece di "scarpe", puoi usare "scarpe da corsa uomo 42". Queste parole chiave tendono ad avere un costo inferiore e un tasso di conversione più alto.

2. Targetizzazione Avanzata:

Usa le opzioni di targeting per raggiungere il pubblico che è più propenso a comprare il tuo prodotto. Puoi targetizzare per:

- **Posizione geografica**: Mostra i tuoi annunci solo nelle aree in cui vendi o dove hai clienti potenziali.
- **Interessi e comportamenti**: Sui social media, puoi indirizzare gli utenti in base ai loro interessi, comportamenti di acquisto precedenti, o attività online.
- **Demografia**: Targetizza per età, sesso, professione, o stato civile.

3. Sfruttare il Remarketing:

Il **remarketing** ti consente di raggiungere persone che hanno già visitato il tuo sito web ma non hanno effettuato un acquisto. Gli annunci vengono mostrati loro mentre navigano su altri siti, incoraggiandoli a tornare per completare l'acquisto.

4. Ottimizzazione delle Pagine di Destinazione (Landing Pages):

La pagina di destinazione è cruciale per il successo del PPC. Quando un utente clicca su un annuncio, deve trovare immediatamente ciò che si aspetta: una pagina chiara, con un messaggio coerente e una **call to action** (CTA) ben visibile.

5. **Monitoraggio e Ottimizzazione:**

Utilizza gli strumenti di analisi (come **Google Analytics** o le metriche di **Facebook Ads**) per monitorare le performance dei tuoi annunci. Se vedi che alcune parole chiave o gruppi di annunci non funzionano, modificane la strategia. Analizza costantemente il **CPC (costo per clic)** e il **CTR (tasso di clic)**.

Grafico: Efficacia del PPC nel Tempo

Un grafico che mostra come l'investimento in PPC porta ad un aumento del traffico e delle conversioni nel tempo, con un ROI positivo a partire dal momento in cui la campagna è ottimizzata.

Affiliate Marketing per Piccole Imprese

Cos'è l'Affiliate Marketing?

L'**Affiliate Marketing** è una strategia di marketing in cui un'impresa paga una commissione a un affiliato per promuovere i suoi prodotti o servizi e generare vendite o lead. In pratica, l'affiliato promuove il prodotto attraverso un link di affiliazione, e quando un utente effettua un acquisto tramite quel link, l'affiliato riceve una percentuale della vendita.

Questa è una forma di marketing basata sulle prestazioni, il che significa che paghi solo per i risultati effettivi, come una vendita o una registrazione, rendendola ideale per le piccole imprese con budget limitati.

Perché l'Affiliate Marketing è Importante per le Piccole Imprese?

1. **Costi Contenuti:** L'affiliate marketing ti permette di ridurre i costi iniziali, poiché paghi solo per i risultati (ad esempio, una vendita o un lead generato). Non è necessario investire in pubblicità a pagamento con un rischio alto.

2. **Espansione del Raggio di Azione:** Gli affiliati ti aiutano a raggiungere nuovi segmenti di pubblico a cui magari non potresti arrivare da solo, grazie alla loro rete di contatti e ai loro canali online.

3. **Automazione:** Una volta che un programma di affiliazione è impostato, funziona in modo quasi automatico. Gli affiliati promuovono i tuoi prodotti, mentre tu ti concentri su altri aspetti del business.

4. **Flessibilità:** Puoi scegliere diversi modelli di affiliazione, come il pagamento per vendita (CPS), il pagamento per lead (CPL) o il pagamento per clic (CPC), in base agli obiettivi del tuo business.

Come Funziona l'Affiliate Marketing?

1. **Il Programma di Affiliazione:**

Prima di tutto, devi creare o aderire a un programma di affiliazione. Esistono diverse piattaforme, come **ShareASale**, **ClickBank**, e **Amazon Associates**, che ti permettono di connetterti con affiliati in modo facile. Se hai un negozio online, puoi anche utilizzare plugin come **WooCommerce** o **Shopify** per gestire il programma di affiliazione direttamente sul tuo sito.

2. **Affiliato Promuove i Prodotti:**

Una volta che ti sei iscritto a una piattaforma di affiliazione o hai creato il tuo programma, gli affiliati iniziano a promuovere i tuoi prodotti tramite **link di affiliazione** unici. Questi link possono essere condivisi tramite vari canali:

- Blog e siti web
- Social media (Instagram, Facebook, YouTube)
- Email marketing
- Pubblicità display

3. **Monitoraggio delle Performance:**

Ogni volta che un cliente clicca sul link di affiliazione e completa l'azione desiderata (ad esempio un acquisto), il sistema di affiliazione traccia l'azione e assegna la commissione all'affiliato. Il monitoraggio avviene attraverso un codice di tracciamento unico associato al link di ogni affiliato.

4. **Pagamento dell'Affiliato:**

Una volta che l'affiliato ha generato una vendita o un lead, riceve una commissione, che può variare in base al prodotto e al modello di pagamento scelto. Le commissioni possono essere una percentuale sul prezzo di vendita o un importo fisso per ogni azione completata.

Come Trovare e Gestire gli Affiliati

1. **Trova Affiliati Qualificati:**
   - Cerca affiliati che abbiano un pubblico simile al tuo. Può trattarsi di influencer sui social media, blogger, o altre piccole imprese complementari.
   - Partecipa a **network di affiliazione** che ti connettono con affiliati esperti e già pronti per promuovere il tuo prodotto.

2. **Struttura delle Commissioni:**

Decidi che tipo di commissione offrire ai tuoi affiliati. Le opzioni comuni includono:
   - **Commissioni per vendita (CPS):** Paghi una percentuale sulla vendita generata.
   - **Commissioni per lead (CPL):** Paghi per ogni lead qualificato che l'affiliato porta.

- **Commissioni per clic (CPC):** Paghi per ogni clic generato dal link di affiliazione.

3. **Creare Materiale Promozionale:**

Fornisci agli affiliati tutto il materiale di cui hanno bisogno per promuovere i tuoi prodotti, come banner, link, descrizioni di prodotto e immagini. Più il materiale è professionale e ben strutturato, più è facile per gli affiliati promuovere il tuo prodotto.

4. **Monitoraggio delle Prestazioni e Ottimizzazione:**

Usa strumenti di tracciamento per monitorare le performance degli affiliati. Analizza quali affiliati stanno generando più vendite o lead e valuta la possibilità di premiare quelli che performano meglio. Inoltre, ottimizza le tue offerte e strategie per attrarre più affiliati di successo.

Vantaggi dell'Affiliate Marketing per le Piccole Imprese

1. **Basso rischio finanziario:** Paghi solo per i risultati, riducendo il rischio di spese inutili.
2. **Espansione rapida:** Gli affiliati possono aiutarti a far crescere la tua base di clienti molto più rapidamente rispetto alle tecniche di marketing tradizionali.
3. **Flessibilità nella gestione:** Puoi testare diverse strategie di affiliazione per capire quale funziona meglio per il tuo business senza impegni a lungo termine.

Grafico: Come l'Affiliate Marketing Contribuisce alla Crescita del Business

Un grafico che mostra come l'affiliate marketing può aumentare il traffico, le vendite e la brand awareness nel tempo.

E-commerce e Strategie di Vendita Online per Piccole Imprese

Cos'è l'E-commerce?

L'**e-commerce** (commercio elettronico) è il processo di acquisto e vendita di prodotti o servizi tramite internet. Per una piccola impresa, l'e-commerce rappresenta una straordinaria opportunità di espandere il proprio mercato oltre i confini fisici e raggiungere un pubblico globale.

Un negozio online ti consente di vendere 24 ore su 24, 7 giorni su 7, senza le limitazioni di un negozio fisico. Con una strategia ben progettata, il tuo negozio online può diventare una fonte di reddito continua, aumentando la visibilità e la credibilità del tuo marchio.

Perché l'E-commerce è Fondamentale per le Piccole Imprese?

1. **Accesso a un Mercato Globale:** Con un negozio online, puoi raggiungere clienti in qualsiasi parte del mondo, ampliando notevolmente il tuo pubblico.
2. **Costi Inferiori:** Gestire un negozio online ha costi di gestione più bassi rispetto a un negozio fisico. Non hai bisogno di un negozio fisico, e molte piattaforme offrono piani a pagamento flessibili.
3. **Maggiore Convenienza per i Clienti:** Gli utenti apprezzano la comodità di poter acquistare i tuoi

prodotti o servizi a qualsiasi ora del giorno, senza doversi spostare.

4. **Possibilità di Monitorare in Tempo Reale:** Le piattaforme di e-commerce offrono strumenti per monitorare le vendite, il comportamento degli utenti e ottimizzare le strategie di marketing.

Come Creare un Negozio Online di Successo

1. **Scegli la Piattaforma di E-commerce Giusta:**

Esistono diverse piattaforme di e-commerce che ti permettono di avviare un negozio online senza necessità di grandi competenze tecniche. Alcune delle più popolari includono:

- **Shopify:** Una delle piattaforme più famose, con una vasta gamma di funzionalità integrate, design personalizzabili e opzioni di pagamento sicure.
- **WooCommerce:** Un plugin gratuito per WordPress, ideale per chi già possiede un sito WordPress. WooCommerce è estremamente flessibile.
- **BigCommerce:** Una piattaforma completa che offre numerose opzioni di personalizzazione per le piccole e medie imprese.
- **Etsy:** Se vendi prodotti artigianali o vintage, Etsy è una piattaforma eccellente per le piccole imprese.

2. **Progetta un Sito Web Attraente e Funzionale:**

L'aspetto del tuo sito web è fondamentale per attrarre e mantenere i clienti. Assicurati che il sito sia:

- **Facile da navigare:** Le categorie di prodotto devono essere chiare e facili da trovare.
- **Responsive (adattabile a dispositivi mobili):** La maggior parte degli utenti fa acquisti tramite smartphone, quindi il sito deve essere perfetto anche sui dispositivi mobili.
- **Sicuro:** Garantisci la sicurezza dei dati dei tuoi

clienti implementando un certificato SSL per proteggere le informazioni sensibili.

3. **Ottimizza la User Experience (UX):**

Un'esperienza utente fluida e senza intoppi è cruciale. Offri:

- **Tempi di caricamento rapidi:** Siti lenti possono far perdere clienti. Ottimizza le immagini e riduci al minimo i tempi di caricamento.
- **Facilità di acquisto:** Assicurati che il processo di acquisto sia semplice e veloce. Offri più metodi di pagamento, inclusi PayPal, carte di credito e bonifico.
- **Assistenza clienti:** Implementa una chat dal vivo o un sistema di supporto rapido per rispondere alle domande dei clienti.

4. **Scegli Prodotti che Si Vendono Bene Online:**

Quando scegli i prodotti da vendere, è importante considerare il mercato e le tendenze. Ecco alcuni suggerimenti:

- **Ricerca di mercato:** Usa strumenti come **Google Trends** e **Amazon** per scoprire quali prodotti sono popolari.
- **Prodotti di nicchia:** I prodotti di nicchia sono una scelta vincente perché possono attrarre un pubblico altamente mirato.
- **Prodotti legati a hobby e passioni:** Gli utenti sono più propensi ad acquistare prodotti che riguardano le loro passioni, come articoli per il fitness, la moda o la cucina.

5. **Gestione dell'Inventario:**

La gestione dell'inventario è cruciale. Puoi:

- Utilizzare sistemi di gestione integrati nella piattaforma di e-commerce (come Shopify).
- Offrire la possibilità di **drop shipping**, dove il

fornitore spedisce direttamente il prodotto al cliente finale, evitando di gestire il magazzino.

Assicurati che il tuo inventario sia sempre aggiornato, per evitare problemi di disponibilità o ordini non evasi.

Strategie di Vendita Online per Piccole Imprese

1. **SEO per E-commerce:**

L'ottimizzazione per i motori di ricerca (SEO) è fondamentale per aumentare la visibilità del tuo negozio online. Ecco alcuni accorgimenti:

- **Ottimizza le schede prodotto:** Usa descrizioni dettagliate, parole chiave e immagini di alta qualità per ogni prodotto.
- **Blog e contenuti:** Aggiungi contenuti come articoli di blog, guide e tutorial, che possano migliorare il posizionamento del tuo sito sui motori di ricerca.
- **SEO tecnico:** Ottimizza la velocità del sito, usa URL brevi e facili da ricordare e crea una struttura di link interni efficace.

2. **Email Marketing:**

Utilizza l'email marketing per creare una connessione duratura con i tuoi clienti. Alcuni suggerimenti includono:

- **Newsletter:** Invia offerte, sconti e aggiornamenti sui prodotti per mantenere i tuoi clienti coinvolti.
- **Email di recupero del carrello abbandonato:** Se un cliente aggiunge un prodotto al carrello ma non completa l'acquisto, invia un'email di follow-up per incentivare la finalizzazione dell'acquisto.

3. **Social Media Marketing per E-commerce:**

I social media sono uno degli strumenti più potenti per promuovere il tuo negozio online. Puoi utilizzare:

- **Facebook e Instagram Shopping:** Impostare un negozio direttamente su Facebook o Instagram per permettere agli utenti di acquistare facilmente.

- **Influencer marketing:** Collabora con influencer che possono promuovere i tuoi prodotti al loro pubblico.

4. **Offerte e Sconti:**

Le promozioni sono un ottimo modo per aumentare le vendite. Offri:

- **Sconti stagionali** o per eventi speciali (Black Friday, Cyber Monday, ecc.).
- **Spedizione gratuita:** Se il margine di profitto lo consente, offri la spedizione gratuita per incoraggiare gli acquisti.

5. **Analizza e Ottimizza le Performance:**

Usa strumenti come **Google Analytics** e **le metriche di e-commerce della tua piattaforma** per monitorare le performance del tuo negozio. Misura:

- **Tasso di conversione:** Quanti visitatori diventano effettivamente clienti.
- **CPC (Costo per clic) e ROI (Return on Investment):** Per capire l'efficacia delle tue campagne pubblicitarie.

Grafico: Crescita di un Negozio Online nel Tempo

Un grafico che mostra l'andamento delle vendite di un negozio online nel tempo, con picchi durante le campagne promozionali e ottimizzazioni SEO.

Analytics e Misurazione delle Performance per Piccole Imprese

Cos'è l'Analytics?

L'**analytics** è il processo di raccolta, analisi e interpretazione dei dati relativi alle attività di marketing, alle vendite e al comportamento dei clienti. Per una piccola impresa, comprendere l'importanza degli analytics è fondamentale per prendere decisioni strategiche basate su dati concreti, migliorare le performance e ottimizzare le risorse.

Le **metriche di performance** possono variare in base agli obiettivi della tua impresa, ma l'analisi accurata dei dati ti permette di:

- Monitorare l'andamento del tuo business.
- Valutare l'efficacia delle tue strategie di marketing.
- Migliorare l'esperienza dei clienti.
- Ottimizzare il budget e gli investimenti.

Perché gli Analytics Sono Fondamentali per le Piccole Imprese?

1. **Decisioni Basate su Dati:** Senza analizzare i dati, le decisioni di marketing sono basate su supposizioni. Gli analytics forniscono dati concreti che aiutano a prendere decisioni più accurate e informate.
2. **Misurare il Rendimento:** Gli analytics permettono di misurare l'efficacia delle tue campagne di marketing

e delle strategie di vendita. Saprai esattamente cosa funziona e cosa no.

3. **Ottimizzare le Risorse:** Gli analytics ti permettono di identificare le aree in cui puoi migliorare, risparmiare tempo e denaro e concentrare gli sforzi nelle attività che portano il maggior ritorno sugli investimenti (ROI).

4. **Migliorare l'Esperienza del Cliente:** Monitorare il comportamento dei tuoi clienti ti aiuta a comprendere le loro preferenze e a migliorare l'esperienza d'acquisto. Puoi personalizzare le offerte in base ai loro interessi, aumentare la fidelizzazione e ridurre il tasso di abbandono.

Strumenti di Analytics per Piccole Imprese

Esistono numerosi strumenti di analytics che ti permettono di monitorare e misurare le performance del tuo sito web, delle tue campagne di marketing e delle tue vendite online. Ecco alcuni dei più utili:

1. **Google Analytics:**

Google Analytics è uno degli strumenti più utilizzati per tracciare le performance di un sito web. Ti permette di monitorare vari aspetti, come:

- **Numero di visitatori:** Quanti utenti visitano il tuo sito, da dove provengono (es. traffico organico, referral, social media) e quanto tempo trascorrono.
- **Comportamento degli utenti:** Analizza le pagine visitate, il percorso che seguono nel sito e le azioni che compiono (ad esempio, acquisti, iscrizioni alla newsletter, ecc.).
- **Obiettivi e conversioni:** Monitora le azioni che consideri obiettivi importanti, come acquisti, completamento di form o download di contenuti.
- **Demografia e interessi:** Ottieni informazioni sugli utenti, come età, sesso e aree geografiche di

provenienza.

2. **Facebook Insights e Instagram Analytics:**

Se usi i social media per promuovere il tuo business, è fondamentale monitorare le performance delle tue campagne. Entrambi questi strumenti ti permettono di:

- Analizzare il **coinvolgimento** (like, commenti, condivisioni).
- Monitorare la **copertura** (quante persone hanno visto i tuoi post).
- Verificare l'**andamento delle inserzioni**: come stanno performando le tue pubblicità a pagamento e quali sono i risultati in termini di clic, conversioni e ROI.

3. **Google Search Console:**

Google Search Console è uno strumento fondamentale per chi vuole migliorare la visibilità del proprio sito sui motori di ricerca. Ti permette di:

- Monitorare le **parole chiave** per cui il tuo sito è visibile nei risultati di ricerca.
- Verificare eventuali **errori di scansione** del sito che potrebbero compromettere la visibilità.
- Ottimizzare la **SEO on-page** per migliorare il ranking.

4. **Hotjar:**

Hotjar è uno strumento che ti consente di vedere come gli utenti interagiscono con il tuo sito attraverso:

- **Mappe di calore** (heatmaps), che ti mostrano dove gli utenti cliccano maggiormente.
- **Registrazioni delle sessioni** degli utenti, che ti permettono di vedere esattamente come navigano nel sito.

- **Sondaggi e feedback**: puoi raccogliere opinioni direttamente dai tuoi visitatori per capire meglio le loro esigenze.

5. **Mailchimp Analytics:**

Se utilizzi l'email marketing, Mailchimp offre potenti strumenti di analytics per monitorare:

- Le **percentuali di apertura** delle tue email.
- I **click-through rates (CTR)**, cioè quanti utenti cliccano sui link all'interno delle tue email.
- Le **conversioni** generate dalle tue campagne e-commerce (acquisti effettuati tramite le email inviate).

Metriche Chiave da Monitorare

Le metriche da monitorare dipendono dal tipo di attività che svolgi, ma in generale dovresti tenere sotto controllo i seguenti indicatori:

1. **Tasso di Conversione:** La percentuale di visitatori che compiono un'azione desiderata (come acquistare un prodotto, iscriversi alla newsletter, o completare un modulo). Un alto tasso di conversione significa che il sito è efficace nel convertire i visitatori in clienti.

2. **Acquisizione del Traffico:** Comprendere da dove proviene il traffico è fondamentale. Le principali fonti di traffico includono:
   - **Traffico organico** (SEO).
   - **Traffico a pagamento** (Google Ads, Facebook Ads).
   - **Traffico referral** (link da altri siti).
   - **Social media** (Facebook, Instagram, ecc.).

3. **Customer Lifetime Value (CLV):** Il valore che un cliente genera per la tua attività nel corso del tempo. Un CLV elevato indica che i tuoi clienti sono fedeli e tendono a

fare acquisti ripetuti.

4. **Costo di Acquisizione del Cliente (CAC):** Quanto ti costa acquisire un nuovo cliente, considerando il marketing e le altre spese. Per avere un business sostenibile, il CAC dovrebbe essere inferiore al CLV.

5. **Tasso di Abbandono:** Questa metrica ti dice quanti utenti lasciano il sito senza compiere l'azione desiderata, come completare un acquisto. Un tasso di abbandono elevato potrebbe indicare problemi con l'usabilità o la proposta di valore del sito.

6. **Engagement sui Social Media:** Misura il coinvolgimento degli utenti con i tuoi contenuti sui social. Puoi monitorare:
    - Mi piace, commenti e condivisioni.
    - Numero di follower e tasso di crescita.
    - Visite ai tuoi profili social e interazioni con il tuo brand.

Come Utilizzare gli Analytics per Ottimizzare la Performance

1. **Identificare i Punti di Forza e di Debolezza:**

Grazie agli analytics, puoi capire cosa sta funzionando e cosa no. Se una determinata campagna o pagina di prodotto sta generando buoni risultati, potrai replicare queste azioni. Al contrario, se vedi che alcune attività non portano ai risultati sperati, puoi modificarle o eliminarle.

2. **Personalizzare le Offerte:**

Analizzare i dati demografici, gli interessi e il comportamento dei tuoi clienti ti consente di creare offerte più personalizzate. Più il tuo marketing è mirato, più sarà efficace.

3. **Test A/B:**

Esegui test A/B sulle tue pagine di vendita, email e inserzioni pubblicitarie per confrontare diverse varianti e capire quale funziona meglio. Ad esempio, puoi testare due diverse versioni di una landing page per vedere quale converte di più.

4. Migliorare l'Usabilità del Sito:

Con gli strumenti di heatmap e registrazione sessioni (come **Hotjar**), puoi vedere dove gli utenti cliccano di più e dove si fermano. Questo ti aiuta a ottimizzare la navigazione e a migliorare l'esperienza dell'utente.

Grafico: Andamento delle Performance delle Campagne nel Tempo

Un grafico che mostra l'andamento delle vendite, del traffico e delle conversioni nel tempo, evidenziando i periodi di maggiore attività e le azioni intraprese per ottimizzare le performance.

Strategie di Crescita e Scalabilità per Piccole Imprese

Cos'è la Scalabilità?

La **scalabilità** si riferisce alla capacità di un'impresa di crescere e espandersi senza compromettere la qualità o l'efficienza delle sue operazioni. In altre parole, una piccola impresa scalabile è in grado di aumentare il suo fatturato e la sua dimensione operativa senza aumentare in modo proporzionale i costi. Questo è uno degli obiettivi principali per le piccole imprese che vogliono crescere in modo sostenibile e duraturo.

Mentre la crescita si concentra sull'espansione delle dimensioni dell'impresa, la scalabilità riguarda la capacità di far crescere l'attività in modo efficiente. Le piccole imprese che riescono a scalare i loro processi e sistemi, pur mantenendo costi contenuti, possono aumentare significativamente il loro valore nel tempo.

Le Chiavi per una Crescita e Scalabilità Sostenibile

1. Automazione dei Processi:

L'automazione è uno degli aspetti più importanti per scalare un'impresa. Automatizzando i processi ripetitivi, come l'invio delle email, la gestione degli ordini, o la contabilità, puoi ridurre il carico di lavoro manuale e liberare risorse da destinare a attività più strategiche. Gli strumenti di automazione ti permettono anche di offrire un servizio più rapido e di migliorare l'esperienza del cliente.

Alcuni strumenti di automazione per le piccole imprese includono:

- **Zapier**: automatizza i flussi di lavoro tra diverse applicazioni.
- **Mailchimp** o **ActiveCampaign**: per l'automazione delle email.
- **Trello** o **Asana**: per la gestione e l'automazione dei progetti.

2. Investire nel Marketing Digitale:

Per crescere, le piccole imprese devono investire in marketing digitale. Utilizzare le piattaforme giuste, come i social media, la SEO, e la pubblicità a pagamento, consente di aumentare la visibilità del brand e raggiungere un pubblico più ampio. La pubblicità digitale, in particolare, consente di mirare a segmenti specifici di pubblico e misurare in tempo reale i risultati, ottimizzando le campagne in base alle performance.

3. Espandere la Presenza Online:

In un mondo sempre più digitale, avere una forte presenza online è essenziale. Le piccole imprese dovrebbero investire in un sito web ben progettato, ottimizzato per la SEO, e facile da navigare. Inoltre, dovrebbero essere attive sui social media, creando contenuti coinvolgenti per attrarre nuovi clienti e fidelizzare quelli esistenti.

- **E-commerce:** Se hai un prodotto fisico o digitale, considera di vendere online. Puoi creare un sito e-commerce o utilizzare piattaforme come **Shopify** o **Etsy** per espandere la tua attività.
- **SEO (Search Engine Optimization):** L'ottimizzazione per i motori di ricerca è una delle strategie più efficaci per attrarre traffico organico sul tuo sito. Investire in SEO ti permette di migliorare la visibilità online a lungo termine.

4. **Ottimizzare l'Esperienza del Cliente:**

La crescita sostenibile dipende anche dalla capacità di mantenere i clienti soddisfatti. Una buona esperienza del cliente favorisce il passaparola positivo e la fidelizzazione. Per offrire un servizio migliore, è importante raccogliere feedback regolari dai clienti e apportare miglioramenti basati sulle loro esigenze.

- **Servizio clienti:** Assicurati di offrire un servizio clienti eccezionale. Puoi utilizzare strumenti di live chat o rispondere tempestivamente alle richieste via email.
- **Programmi di fidelizzazione:** Crea programmi di fidelizzazione che premi i clienti abituali con sconti o premi.

5. **Gestire i Costi e Ottimizzare le Operazioni:**

La crescita comporta inevitabilmente una gestione più complessa delle risorse, quindi è fondamentale monitorare attentamente i costi. Identifica le aree in cui puoi ridurre i costi operativi senza compromettere la qualità dei prodotti o dei servizi. Ad esempio, potresti negoziare forniture a lungo termine a prezzi più bassi o passare a soluzioni tecnologiche più efficienti.

Inoltre, se la tua impresa cresce velocemente, potrebbe essere necessario ampliare il team o esternalizzare alcune funzioni, come la gestione dei social media, la produzione di contenuti o la logistica. L'outsourcing può essere un'ottima strategia per affrontare la crescita senza aumentare in modo eccessivo le spese.

6. **Espansione Geografica:**

Se la tua attività ha avuto successo a livello locale, potresti considerare l'espansione in altre aree. Inizia espandendo la tua portata in regioni vicine, poi prendi in considerazione l'ingresso in nuovi mercati a livello nazionale o internazionale. In questo caso, dovrai adattare le tue strategie di marketing e il tuo prodotto alle esigenze locali.

7. **Collaborazioni e Partnership:**

Un altro modo per scalare rapidamente un'impresa è attraverso alleanze strategiche con altre aziende. Le partnership ti consentono di sfruttare i punti di forza di altre realtà, espandere la tua rete di clienti e ridurre i rischi associati all'espansione.

Le partnership possono includere:

- Collaborazioni con influencer o brand affini.
- Programmi di affiliazione o joint ventures con altre piccole imprese.

8. **Scalabilità del Team:**

La crescita della tua impresa comporta l'espansione del team. Tuttavia, non è sempre necessario assumere personale a tempo pieno. Puoi iniziare con liberi professionisti o contratti temporanei per gestire l'aumento delle attività. Man mano che l'impresa cresce, potrai stabilire un team permanente e strutturato.

9. **Monitorare le Performance e Adattarsi ai Cambiamenti:**

Non esiste una crescita lineare. Durante il percorso, dovrai monitorare costantemente le performance e adattare le tue strategie in base ai dati. Usa gli strumenti di analytics per verificare l'efficacia delle tue azioni e fai modifiche in tempo reale per massimizzare il rendimento.

Conclusione:

Le piccole imprese hanno un potenziale straordinario di crescita e scalabilità, ma richiedono una pianificazione strategica, l'adozione di tecnologie giuste e l'ottimizzazione continua delle operazioni. Con l'implementazione delle giuste tecniche e l'attenzione ai dettagli, puoi crescere in modo efficace senza compromettere la qualità del tuo servizio. Rendi la tua impresa scalabile e preparati a sfruttare al massimo le opportunità che il mercato ha da offrire.